누구도 내게 묻지 않았지만

누구도 내게 묻지 않았지만

김서정

Prologue
기억의 언어로 말하고 싶어서

    나는 오래전부터 마음속에 고요히 쌓이는 감정들을 그저 흘려보내지 않고 붙잡고 싶어 했다. 이름 붙이기 어려운 슬픔이나, 말끝에 맺히다 사라지는 그리움 같은 것들. 언젠가 사라질지 모르는 표정과 풍경, 누군가의 말 한마디를 기억의 언어로 기록하고 싶었다.

    그 마음은 자라서, 글이 되었다.
    기억은 이상한 방식으로 남는다. 우리가 애써 기억하려 했던 순간보다 불쑥 스며든 냄새, 밤늦게 켜져 있던 라디오, 누군가의 무심한 손짓 같은 것들이 더 오래 남는다. 그렇게 머물러준 기억들은 내가 어떤 사람인지 알려주고, 가끔은 다시 살아갈 힘이 되었다.
    이 책은 그런 기억의 파편들을 모아 만든 작은 자리다.

무언가를 잃고 나서야 그 자리에 남은 온기를 깨달았던 날, 누군가가 말 한 줄에 마음이 구겨졌다가 다시 펴지던 밤, 작고 사소해 보였지만 나를 지탱해 준 장면들을 조심스럽게 꺼내어 놓았다. 때로는 조용히, 때로는 울컥하며 써 내려간 마음들이 읽는 이의 마음 어디쯤에서 조용히 머물 수 있기를 바란다.

나는 여전히 말보다 글이 편한 사람이고, 울기보다 쓰기가 조금 더 쉬운 사람이다. 그래서 쓰는 일은 내게 세상을 향한 인사이자, 나 자신을 기억하는 방식이다.

이 글들이 닿은 곳에서
당신 또한 잊지 않고 싶은 장면 하나를
마음속에서 조용히 꺼내볼 수 있기를
우리가 지나온 시간을, 살아온 마음을
기억의 언어로 함께 말할 수 있기를

2025년 6월
김서정

차례

Prologue | 기억의 언어로 말하고 싶어서   4

1부. 서툴지만 괜찮은 시작들   9

완벽하지 않아도	11
무언의 자리	14
수박은 너무 크고, 나는 너무 작아서	17
기록하는 사람	21
아무 말 없는 풍경이 말을 걸어올 때	25

2부. 나를 돌보는 시간

창 너머의 마음	31
나만의 조용한	35
계절의 결을 따라	37
빛으로 건네는 마음	43
우리는 책을 사이에 두고 마음을 나눈다	49

3부. 조용하고 서늘하게 베어드는 슬픔

물소리 아래	53
그럼에도 오늘을 건너는 일	57
기억은 등을 보이며 걸어간다	61
누구도 내게 묻지 않았지만	65

4부. 기억이라는 작은 빛

잠결의 이야기들	71
기억 속에 오래 머무는 말	75
조명이 꺼진 후에도	81
노릇노릇한 위로	85
다정한 어른이 되고 싶어서	89

Epilogue | 잊지 않기 위해 쓰는 일   93

1부. 서툴지만 괜찮은 시작들

완벽하지 않아도

    나는 심각한 길치이자 방향치이다. 그래서 거의 매번 다니던 길로만 다니고, 새로운 길을 가게 될 때면 늘 긴장하며 지도가 켜진 핸드폰을 연신 쳐다보기 일쑤다. 대로변이 아닌 구석진 골목길은 잘 못 찾아가고, 낮에 간 길을 밤에 어둑어둑해져서 가면 모르며, 정방향으로 간 길을 역방향으로 다시 가도 헤맨다. 지도 앱을 보고서도 어느 쪽 방향인지 헷갈려 고개를 갸우뚱하며 핸드폰을 돌려보다 잘못된 길로 가는 것이 태반이다. 여러 번 반복해서 가봐야 더 이상 헤매지 않는다.

삶에서도 그렇지 않았을까.

미지의 것들이 두렵고 안전에 대한 욕구가 큰 탓에, 호기심이 많고 새로운 배움을 갈망하지만, 많이 주저하고 또 후회했다. 그 처음을 '시작'하는 게 유독 쉽지 않았다. 생각과 고민이 많을수록 행동은 발목을 잡혔다.

이번에도 어김없이 헤매었다. 도서관은 자주 와 본 곳이었지만, 이 센터는 처음 방문이라 여러 번 비상계단을 오르락내리락하며 시간을 보냈다. 그래도 오는 길목에서 마주한 개나리와 벚꽃이 너무 예뻐서 잠시 눈길을 빼앗겼다. 그러다 마음도 빼앗겨 사진에 담았다. 원래도 자연을 좋아하지만, 봄꽃은 길어야 2주이고 잠깐이니까, 그래서 더 소중하게 느껴지고 어느 순간부터 챙겨보고 싶어진다.

그것은 그것대로 괜찮지 않을까.

어쩌다 잘못 길을 들어서기도 하고, 또 우연히 발견한 아름다움에 머물며 시간을 내어주기도 하는 것. 어차피 당장의 내일도 우리는 알 수 없고, 무엇보다 '처음'은 누구에게나 서툰 것이니까.

  돌아가는 길에는 일부러 안 가 본 새로운 길로 가 본다. 그곳에선 어떤 풍경이 기다리고 있을까. 두렵지만 설레기도 한다.

  인생의 2막이 새롭게 시작되고 있다.

무언의 자리

김서정

너는
내가 말하지 못한 방향에 있었다.

빛이 없으면
네가 없고
빛이 너무 강하면
내가 너를 밟게 되더라.

그게 조금 서운해서
나는 가끔 어둠을 돌아본다.

하루가 저물면
우리는 조금씩 길어졌다.
서로 말없이
서로를 데리고 다녔다.

누가 내게 물었다.
너는 왜 항상
뒤에 있는 것을 사랑하느냐고

나는 대답하지 않았다.
대신
조용히 등을 돌려
너를 안았다.

수박은 너무 크고, 나는 너무 작아서

 나는 여름마다 수박을 먹었다. 그건 하나의 습관이었고, 동시에 여름을 받아들이는 방식이었다. 긴 장마가 끝나고 바람결이 무거워지기 시작하면 언젠가부터는 자연스럽게 수박을 떠올렸다. 차가운 단면, 새빨간 과육, 들썩이는 포크 끝의 무게. 그 모든 게 여름의 풍경이었다.

 어릴 적, 수박은 늘 베란다였다. 엄마가 큼지막하게 썰어준 수박을 들고 동생과 선풍기 앞에 앉아 서로 씨를 누가 더 멀리 뱉나 시합하던 기억. 그건 아주 오래된 여름, 시간이 무르익을수록 점점 달아지는, 그런 기억이었다.

하지만 지금은, 자취방 냉장고 문을 열면 수박이 들어갈 자리는 없다. 수박은 너무 크고, 혼자 먹기에는 너무 많고, 마음먹고 사자니 손목이 아프다. 썰어둘 접시도, 먹다 남긴 걸 덮어둘 랩도, 어쩐지 번거롭다. 그래서 요즘은 수박을 지나친다. 마트 한 켠, 무더운 날들의 상징처럼 쌓여 있는 초록 껍질들을 힐끗 보며 '다음에 사야지' 생각만 한다.

어쩌면 그 '다음'은 오지 않을지도 모른다. 혼자 사는 삶은 늘 우선순위가 정리되어 있어서 수박처럼 여유가 필요한 것들은 자꾸만 뒤로 밀린다.

수박이 참 맛있는 건 함께 먹을 때였다.

큰 그릇을 가운데 두고 서로 포크를 부딪치며 웃던 날들.

입가에 흘린 즙을 닦아주는 손,

씨를 몰래 뱉어두고 장난치는 얼굴.

그런 풍경이 있어야 수박은 진짜 수박 같았다.

지금은 잘라놓은 조각을 투명한 용기에 담아 편의점 냉장고에 놓인 것만 본다. 그마저도 가격표를 보며 잠시 망설이다 결국 돌아서게 된다.

그러고 나면, 조금 슬퍼진다.

그냥 수박 하나를 사지 않았을 뿐인데 무언가를 놓치

고 있다는 기분이 든다.

나는 여전히 수박을 좋아한다. 다만, 이제는 쉽게 먹지 못한다. 좋아한다는 감정이 삶의 무게에 눌려 조용히 접히는 순간들을 나는 자주 경험하고 있다. 그래서 가끔은 무작정 수박을 사서 칼로 반을 가르고 냉장고 문을 벌려 어딘가를 비워내고 싶다. 아무도 없지만, 그럼에도 한입 베어 물고 나서 '아, 여름이구나' 중얼거리고 싶다.

그건 나 혼자서도 충분히 누릴 수 있는 계절의 방식이니까.

올해 여름엔, 꼭 그러고 싶다.

기록하는 사람

 나는 종종 누군가의 하루를 붙잡듯 내 하루를 기록한다. 버스를 타고 가다 본 노을의 색깔, 카페 테이블 위에 놓인 얼룩진 컵 받침, 생각보다 더 좋았던 영화의 대사 한 줄. 무심코 스쳐 갈 수도 있는 순간들을 나는 무심코 지나치지 못한다.

 영화를 보고 나면 티켓을 모은다. 조금 구겨졌어도, 가장자리 색이 바랬어도, 나는 그 조각을 소중히 여긴다. 티켓 한 장에는 단지 영화 제목과 시간만 있는 게 아니다. 그날의 기분, 혼자였는지 누군가와 함께였는지, 영화를 본 뒤 걸었던 길, 먹었던 음식, 내내 머릿속을 맴

돌던 장면들이 있다. 작은 종이 한 장에도 마음이 눌어붙어 있다.

나는 거의 매일 일기를 쓴다. 무언가 특별한 일이 있어서가 아니라, 아무 일도 없던 하루도 남겨두고 싶어서. 그날의 하늘이나 말하지 못한 감정, 웃었던 순간을 적으며 '이 하루도 살았구나' 하고 내 삶을 스스로 인정받는 느낌이다. 기억은 흐려지지만, 글자는 흐려지지 않는다. 그게 나에게 기록이 필요한 이유다.

되도록 사진도 자주 찍는다. 인물보다는 풍경을, 정해진 포즈보다는 우연히 겹친 장면을 좋아한다. 어쩌면 내가 기록하는 건 '기억하고 싶은 장면'이 아니라 '잊어버리면 아플 것 같은 순간'들인지도 모른다. 그래서 셔터를 누르고, 메모를 남기고, 다시 꺼내어 들여다보는 일은 나를 위한 반복이기도 하다.

기록하는 버릇은 누가 시켜서 생긴 게 아니다. 그저 살아 있는 느낌을 받고 싶어서, 잊지 않기 위해 시작됐다. 그리고 결국, 그런 작은 기록들이 모여 나를 만들어주었다.

지나온 시간을 돌아보는 일, 지금을 살아보는 일, 아직 오지 않은 날을 다정히 기다리는 일이 되었다. 기록은 결국 기억을 보듬는 일이다. 그 안에는 내가 있었고, 그때의 내가 지금의 나를 데려왔다. 앞으로도 나는 조용히 기록을 계속할 것이다. 내가 사는 하루하루가, 나에게는 언제나 한 편의 영화 같으니까.

아무 말 없는 풍경이 말을 걸어올 때

 화려하지 않아서 좋았다. 마음에 쿵 내려앉는 음악도 없고, 누군가를 울리려는 의도도 느껴지지 않는, 그런 독립영화를 처음 봤을 때 그랬다. 무심하게 흐르는 일상처럼 인물들이 등장했고, 누구 하나 크게 웃거나 소리 내 울지 않았다. 하지만 나는 그 조용한 화면 속에서 내가 미처 말하지 못했던 감정들을 발견하고 숨을 들이마셨다. 누군가가 말해주지 않으면 지나쳤을 풍경들, 작고 사소한 몸짓과 말의 여운들, 그런 것들이 영화 안에 오래 머물렀다. 마치 '괜찮아, 이렇게 조용히 살아가는 사람도 있어' 하고 말해주는 것 같아서, 나는 그 안에서 나를 발견하곤 했다. 그 이후로 나는 혼자서 독립영화관을 자주 찾는다.

전시회를 보는 마음도 비슷하다. 이해하려고 애쓰지 않아도, 설명을 다 듣지 않아도 그림 한 편, 조각 하나 앞에서 오래 서 있다 보면 내 안의 무언가가 슬며시 반응한다. 어느 날은 온통 푸른빛의 캔버스 앞에 한참을 서 있었다. 쏟아질 듯 차오른 하늘빛이, 묘하게 눌린 마음을 쓸어주는 느낌이었다. 또 어떤 날은 회색빛 선이 겹겹이 그어진 추상화 앞에서 말도 안 되게 어떤 슬픔이 닮아 있는 듯해 눈물이 날 것 같았다. 누군가는 물었다.

"그게 그렇게 좋아?"

나는 그저 고개를 끄덕였다. 그게 그렇게 좋다고, 말로 다 설명하지 못해도 좋다고. 나를 대신해 세상을 바라봐주고 내가 흘려보낸 감정을 포착해 주는 아주 섬세한 손길들. 그런 사람들 덕분에 나는 조금 더 느리게, 그리고 덜 외롭게 살아간다.

말이 필요 없는 순간들이 있다. 한 장면, 하나의 색,

한 줄의 대사만으로도 마음 깊은 곳이 물결치는 순간들. 그럴 때마다 나는 생각한다. 사람이 사람을 사랑하는 방식은 이토록 조용하고 서늘하고 다정한 것일지도 모른다고.

2부. 나를 돌보는 시간

창 너머의 마음

 머물고 싶다는 마음은 결국, 내가 나답게 숨 쉴 수 있는 곳을 바라는 마음인 것 같다. 사람들은 종종 "어디에 살고 싶어?"하고 묻는다. 그럴 때면 나는 자꾸 머뭇거리게 된다. 무언가를 이루는 삶보다, 무언가를 지키고 싶은 삶이 내게는 더 중요해졌다는 걸 알게 되었기 때문이다. 더 넓은 집이나 좋은 동네를 떠올리는 대신, 나는 문득문득 마음이 먼저 도착해버리는 공간을 그려보곤 한다. 정확한 위치도 없고, 뚜렷한 형태도 없지만, 그곳의 온도와 빛은 선명하다. 천천히 숨 쉬어도 좋고, 잠시 아무 말 없이 머물러도 괜찮은 자리. 그런 곳이라면 나는 나를 더 잘 이해할 수 있을 것 같다.

요즘 나는 종종 한 카페를 찾는다. 큰 유리창 너머로 자연이 한가득 보이는 조용한 곳이다. 겉보기엔 평범한 공간이지만, 이상하게도 그곳에 앉으면 마음이 조금 느긋해진다. 창밖에는 키 큰 나무들이 조용히 서 있고, 햇살이 바닥을 부드럽게 스친다. 창문 사이로 스며드는 빛은 계절마다 다르게 내려앉는다. 봄이면 연두색이 머물고, 여름이면 짙은 초록이 창을 흔든다. 가을엔 잎이 바스락거리며 떨어지고, 겨울엔 유리에 성에가 맺힌다. 이 모든 변화를 아무 말 없이 지켜보는 것만으로도, 나는 위로받는 기분이 든다. 아무것도 하지 않아도 괜찮다고 말해주는 공간. 그곳에 앉아 있으면, 마치 시간이 나를 재촉하지 않는 듯하다.

그 자리에서 글을 쓰고, 기억을 정리하고, 조용히 나를 돌보는 시간을 가진다. 다이어리에 하루를 요약해 적기도 하고, 오래된 편지를 꺼내 다시 읽기도 한다. 학창 시절부터 모아온 일기들과 사진, 메모들을 한 장씩 펼쳐 보는 일도 있다. 잊고 지냈던 감정들이 조용히 되살아나고, 지나간 나날들이 오늘의 나에게 말을 건넨다. 어떤 날은 쓸쓸하고, 어떤 날은 따뜻하다. 감정은 일정하지 않지만, 그 모두를 있는 그대로 받아들이고 싶어진다. 이 공간에서는 완벽하지 않아도 괜찮고, 말이 엉켜도 괜찮고, 조금 느려도 괜찮다. 나를 그렇게 느슨하게 허락해 주는 장소는 생각보다 드물기에, 나는 이 카페의 한편을 마음속에 오래 간직하고 있다.

그러나 이런 공간을 언제까지나 갖는 것은 어려운 일이다. 장소는 변하고, 시간은 흘러가고, 사람들의 발걸음도 끊임없이 움직인다. 지금의 이 평화로움이 언젠가는 사라질지도 모른다는 생각에 마음이 조용히 쓸쓸해질 때도 있다. 그렇기에 나는 요즘, 공간은 바깥에만 있는 것이 아니라 마음 안에도 만들어질 수 있다는 걸 배워가고 있다. 숨을 고르고, 내 마음에 자리를 내주고, 있는 그대로의 나를 받아들이는 연습. 때론 조용한 음악 한 곡, 오래 묵힌 차 한 잔, 좋아하는 책 한 줄이 그 공간의 문이 되기도 한다. 카페에 가지 않는 날에도 나는 마음속에서 그 창가를 떠올린다. 햇살이 드리운 나무 테이블과 그 위에 놓인 펜과 노트, 바람에 가볍게 흔들리는 커튼. 그러면 나는 비로소, 어디에 있든지 잠시 머무를 수 있다.

그럼에도 나는 언젠가, 정말로 그런 공간을 직접 만들고 싶다. 누구든 조용히 와서 앉을 수 있는, 작은 숨결 같은 공간. 오래 머물러도, 잠시 머물러도 괜찮은 곳. 조용한 음악이 흐르고, 차가 식지 않도록 다정한 시간이 따라주는 그런 자리. 사람들의 마음이 내려앉을 수 있고, 스스로를 위로할 수 있는 공간. 내가 나를 받아들인 만큼, 다른 사람도 있는 그대로 머물 수 있도록. 말이 필요 없는 위로가 자연스럽게 흘러가는 공간을 꿈꾼다. 어쩌면 그것은 단순히 한 장소를 만드는 일이 아니라, 내가 어떻게 존재할 것인가에 대한 다짐일지도 모른다. 결국, 공간은 관계와 마음, 그리고 시간을 대하는 태도 속에서 만들어지는 것이니까.

그래서 나는 오늘도, 그 카페 창가에 앉아 '머무는 연습'을 한다. 아주 잠깐이라도 내 마음이 앉을 수 있는 자리를 만드는 일. 이 연습이 쌓이고, 시간 속에서 익숙해지면, 언젠가 나도 누군가에게 그런 공간이 되어줄 수 있지 않을까. 바쁘고 소란스러운 세상 한가운데서도 조용히 숨을 고를 수 있는 사람. 내 곁에 앉은 누군가가 그렇게 말할 수 있도록. "여긴, 그냥 있어도 되는 곳이야."

나만의 조용한

 권장 도서에는 이상하게 손이 가지 않는다. 언제부터였을까. 아무도 모를 작은 장면들을 오래도록 간직하게 된 건.

 나지막이 흐르는 음악을 좋아한다. 멜로디보다는 가사에 먼저 마음이 간다. 그러다 보면, 어느새 노래가 지금 내 기분 같다는 생각이 든다.

 두툼한 책 한 권을 품에 안고 창가에 앉아 있을 때, 세상과 살짝 거리를 둔 듯한 그 고요함이 좋다.

 라일락 향이 피어날 무렵이면 마음도 덩달아 피어난다. 계절의 냄새를 느끼는 이 감각이 참 다정하다.

멋대로 고른 것들이 결국엔 나를 설명해 주는 걸 느낄 때가 있다.

반듯하게 개어둔 셔츠 한 벌처럼, 일상을 단정하게 정돈하고 싶지만 쉽지 않다.

슬며시 꺼내보는 기억과 말들이 있다. 그 조심스러운 마음을 나는 오래도록 아낀다.

이른 저녁인데도 세상은 조용히 잠드는 듯했다. 예전과 다르게 이제는 즐거움보다는 편안함을 택하게 된다. 익숙하고 안정적인 것에 마음이 머문다.

천천히 익어가는 마음처럼, 내 취향도 시간 속에서 천천히 다져진다.

코끝에 남은 커피 향을 좋아한다. 향기 하나로 하루가 다르게 느껴질 때가 있다.

특별하지 않아도 괜찮다. 내가 고른 것들이 나를 닮아 있으면 그걸로 충분하다.

푸르른 풍경을 마주하면 조용히 숨을 고른다. 그저 바라보는 것만으로도 마음이 맑아진다.

함께한 시간 속에서 스며든 내 취향들이 어느새 나를 더 단단하게 만들어준다는 걸 이제는 안다. 이런 것들이 결국 나를 이루고 있다는 사실이, 오늘따라 참 다정하게 느껴진다.

계절의 결을 따라

 동네의 공원을 걷는다. 봄에서 여름으로 넘어가는 길목에 서 있다. 봄의 끝자락이 아직 남아 있지만, 공기 속에는 여름이 희미하게 스며들기 시작했다. 바람은 부드럽고, 햇살은 길어졌다. 나뭇잎은 어제보다 한 톤 짙어졌고, 잔디밭의 초록은 이제 제법 듬직한 여름의 얼굴을 닮아간다.
 계절이 바뀌는 일은 소란스럽지 않다. 언제나 그렇듯, 가장 중요한 변화는 조용히, 알아채기 어려운 방식으로 다가온다. 눈으로는 여전히 봄을 보고 있지만, 피부는 어느새 여름을 알아차린다. 아침의 바람은 아직 차갑지만, 정오를 넘기면 햇볕은 제법 뜨겁다. 하지만 그조차도 아직은 견딜 만한 따뜻함이라서, 사람들은 느긋한 표정으로 걷고, 벤치에는 옷깃을 풀어놓은 사람들이 늘어나기 시작한다. 그들의 어깨 위로 쏟아지는 햇살은 금빛이 도는 흰색에 가깝고, 나뭇잎에 닿은 햇살은 초록을 더 깊고 짙게 물들인다.

한 걸음씩 걷다 보니 산책로 가장자리에 흩어진 꽃잎 몇 장이 바람에 떠오른다. 붉은 꽃잎은 여전히 봄을 붙잡고 있고, 그 사이로 고개를 든 잡초는 여름의 초입을 미리 점령한 듯 강인하게 서 있다. 계절의 경계란 늘 이런 식이다. 한 가지가 다 끝난 뒤 다른 것이 시작되는 것이 아니라, 끝과 시작이 섞이고, 겹치고, 서로를 조금씩 물들이며 다음으로 넘어간다. 그 미묘한 혼재의 순간을 나는 오늘, 이 공원을 걸으며 천천히 지나고 있다. 걷는다는 건, 지금 내 마음의 속도를 따라 살아보는 일이기도 하다.

길을 따라 나무 그림자가 쏟아진다. 바람이 지나갈 때마다 잎사귀의 윤곽이 흔들리고, 바닥에 맺힌 그림자도 물결처럼 일렁인다. 그 사이로 햇살 한 조각이 내 발등을 스친다. 너무 선명해서, 그것이 마치 내 마음을 스치고 간 것만 같다. 문득 걸음을 멈추게 된다. 이따금, 그렇게 말도 없이 찾아오는 빛에 나는 조용히 붙잡힌다.

사람들은 저마다의 속도로 공원을 지나간다. 혼자 조깅하는 중년 남성은 귀에 이어폰을 꽂은 채 자신만의 리듬으로 뛰고 있고, 유모차를 민 젊은 엄마는 아이와 눈을 맞추며 천천히 걸음을 옮긴다. 잔디밭에서는 한 무리의 아이들이 공을 차고, 그 곁엔 강아지를 산책시키는 노부부가 있다. 그들은 손을 꼭 잡고, 같은 방향을 천천히 걷고 있었다. 대화를 나누지는 않지만, 두 사람 사이엔 말없이 쌓인 시간이 미묘한 온도로 흘러나온다. 나는 그 풍경을 바라보며, 사랑이란 어쩌면 함께 오래 걷는 일인지도 모르겠다고 생각한다.

그늘에 앉아 숨을 고른다. 벤치에 앉아 가만히 있으면, 그제야 주변의 소리가 또렷해진다. 나무 위에서 지저귀는 새소리가 끊기고 이어지고, 잔디를 미는 작은 기계 소리가 멀리서 들려오다가 곧 사라진다. 바람에 실려온 커피 냄새와 땀 섞인 피부의 냄새, 지나가는 꽃향기들이 어지럽게 겹쳐진다. 이런 날은 후각마저 섬세해진다. 사람의 마음도 그와 같아서, 덜어내고 나면 오히려 더 민감해지고 섬세해진다.

산책로를 따라 걷다 보면 작은 벌레 앞에 멈춘다. 아주 천천히, 거의 정지한 듯 움직인다. 나는 그 느린 흐름이 좋다. 조급하지 않은 존재들 앞에서, 나도 자연스럽게 호흡을 늦추게 된다.

이 계절에 어울리는 건, 그런 느린 걸음이다.

잠시 나무 앞에 서서 하늘을 본다. 하늘은 맑고 푸르다. 구름은 거의 보이지 않는다. 그 아래, 나는 지금 막 피어나기 시작한 계절 한가운데 서 있다. 손끝에 닿을 듯한 봄의 잔재와 가슴 언저리에 스며드는 여름의 열기.

그 둘 사이에서 나는 잠시, 서성인다.

공원은 시간이 머무는 법을 알고 있다. 도심의 속도와는 달리, 이곳의 시간은 부드럽고 유연하게 흘러간다. 꽃이 피고, 잎이 자라고, 바람이 지나가고, 사람들은 제각기 다른 이유로 공원을 찾는다. 어떤 이는 생각을 덜어내기 위해, 어떤 이는 슬픔을 걷어내기 위해, 또 누군가는 그저 아무 이유 없이 이 길을 걸을 것이다. 나 역시 그렇게, 때로는 이유도 목적도 없이 걷는다. 그러다 어느 순간, 걷는 일 그 자체가 이유가 되기도 한다.

한 바퀴 돌고 나올 즈음, 햇빛은 한층 더 기울어 있다. 나뭇잎은 오후의 빛을 받아 더 짙은 초록으로 변해 있다. 가만히 보면, 이 짧은 산책 사이에도 공원은 조금씩 변하고 있다. 그 변화는 눈에 잘 띄지 않지만 분명 존재한다. 마치, 오늘의 나도 조금은 달라졌다는 듯.

공원은 오늘도 조용한 속도로 계절을 넘기고 있다. 그리고 나 또한, 그 조용한 변화에 함께 실려 어딘가로 조금씩 나아가고 있다. 어쩌면 이런 하루가, 내가 진짜 나답게 살아가는 방법인지도 모르겠다. 특별할 것 없는 풍경 속에서, 특별한 위로를 받는 일.

이따금, 살아 있다는 것이 참 다정하게 느껴지는 순간이 있다.

나는 오늘, 이 공원에서 그런 순간을 만났다.

빛으로 건네는 마음

　대학교를 휴학했던 시절, 나는 동네 작은 사진관에서 아르바이트했다. 어쩌다 시작하게 된 일이었지만 그곳은 생각보다 내 마음에 오래 머물렀다. 새벽 햇살에 먼지처럼 떠오르는 기분 좋은 나른함, 늘 현상액 냄새가 스며 있는 조용한 공기, 그리고 하나둘 찾아와 사진을 맡기고 가는 사람들의 표정. 빠르게 흘러가는 바깥세상과 달리 이곳은 늘 느긋했고 그게 좋았다.

　사진관에서 일하면서 처음으로 필름 카메라를 샀다. 검은색의 묵직한 금속 바디에 새것도 비싼 것도 아니었지만 손에 쥐는 감촉이 낯설고도 단단해서 오래 쓰던 물

건처럼 정이 갔다. 처음 셔터를 눌렀을 때의 찰칵 소리는 지금도 또렷이 기억난다. 그 소리는 순간을 낚아채기보다는 조심스레 눌러 담는 느낌에 가까웠다. 그 소리에 마음을 빼앗겼다. 디지털카메라에 익숙해진 손은 처음엔 자꾸 결과를 확인하려 들었다. 하지만 필름 카메라는 달랐다. 셔터를 누른 뒤에는 아무것도 보이지 않았다. 찍힌 사진이 잘 나왔을지, 초점이 맞았을지, 빛은 괜찮았을지 확인할 방법은 단 하나, 기다리는 것이었다. 그래서 나는 점점 조심스러워졌고, 한 장 한 장을 눌러 담는 마음이 깊어졌다. 순간을 가볍게 지나치지 않고, 조금 더 오래 바라보고, 조금 더 마음을 담아서 찍으려고 애썼다. 무엇을 찍었는지 바로 확인할 수 없다는 건 조금 불안하면서도 이상하게 설레는 일이었다. 기다리지 않으면 아무것도 볼 수 없다는 점이 오히려 사진을 더 소중하게 만들었다.

어느 순간부터 나는 가까운 사람들의 얼굴을 자주 찍기 시작했다. 특별히 포즈를 취하게 하지 않았고, 대화를 나누거나 무언가에 몰두한 순간들을 조용히 담았다. 찍을 때는 몰랐지만 나중에 현상된 사진 속 친구들의 얼굴은 내가 알고 있던 모습보다 더 다정했고 따뜻했다.

마치 평소엔 보이지 않던 마음의 표정이 사진을 통해 드러나는 것 같았다. 그 사진들을 그냥 간직하기엔 아까워서 액자를 사 모으기 시작했다. 주머니 사정이 넉넉하지 않아 책상 위에 놓인 동전과 지폐를 모아 문구점에서 액자를 고르고, 손 글씨로 편지를 써넣었다. 친구들에게 직접 사진을 건넬 땐 어쩐지 괜히 쑥스러워서, "그냥, 별거 아니야." 같은 말을 덧붙였지만, 사실은 그 순간의 표정을 꼭 남기고 싶었다고 말하고 싶었다. 그 시절, 나는 사진으로 마음을 건넸던 것 같다. 말로는 다 전하지 못한 감정들을, 셔터 한 번에 실어 조용히 기록하고, 다시 꺼내어 다정한 형태로 돌려주는 일. 그렇게 누군가의 소중한 순간이 내 카메라 안에 담기고, 또 내 손을 통해 다시 그 사람의 삶 속으로 돌아가는 과정이, 그저 찍고 주는 일 이상의 의미로 느껴졌다.

가끔은 그런 '기다림'이 무척 설렜다. 필름을 다 찍고 나면 사진관에 출근하기 전날 밤부터 마음이 들떴다. 어떤 장면들이 사진 속에 남아 있을까 상상하고, 혹시 흔들리진 않았을지 괜한 걱정을 하기도 했다. 아침이면 기분 좋은 긴장감으로 샤워하고, 따뜻한 바람이 부는 길을 따라 사진관으로 향했다. 바람 좋은 날, 따뜻한 햇살 속을 총총 걸어 사진관에 도착하면 익숙한 기계 소음과 약품 냄새가 나를 반겨주었다. 그리고 그 속에서 어제의 순간들이 조금씩, 천천히, 선명해져갔다. 현상기가 돌아가는 소리를 들으며 기다리는 동안, 나는 손끝으로 주머니 속 카메라를 매만지곤 했다. 그건 마치 소중한 비밀이 곧 풀릴지도 모른다는 기분이었다.

그렇게 인화된 사진을 손에 들고 조용히 넘겨보던 순간들이 있다. 필름 속에서 꺼내진 기억들은 내 예상보다 더 따뜻했고, 더 흐리거나 더 선명했다. 그 시절 나는 사진을 통해 나를 배우고 있었는지도 모른다. 무심히 눌렀던 셔터에도 분명히 그날의 나와 감정이 묻어 있었다. 지금도 그때 찍은 사진들을 보면, 그 시절의 공기와 소리, 걸었던 골목길의 기온까지 선명히 떠오른다.

이따금 그 시간이 그리워진다. 무엇을 찍느냐보다, 무엇을 어떻게 기다리느냐가 중요했던 시절. 바로 확인되지 않는다는 사실이 오히려 순간을 깊게 새기게 만들었던 날들. 총총 설레는 걸음으로 사진관에 들어서며 내가 찍은 것을 마주하던 조용한 떨림.

사진은 말이 없다. 하지만 그 침묵 속에 머무는 진심은 오래도록 잊히지 않는다. 내가 찍은 사진을 누군가

책상 위에 올려두고, 벽에 걸고, 가끔 꺼내어 본다는 사실이 좋았다. 그 시절 내가 찍은 모든 사진은, 결국 누군가를 향한 다정한 인사였고 필름의 마법이자 내가 삶을 사랑하는 방식 중 하나였다.

우리는 책을 사이에 두고 마음을 나눈다

 책을 읽는다는 건 혼자 걷는 일과 닮았다. 고요한 숲속을 천천히 걸으며 나무를 들여다보고, 바람의 방향을 느끼고, 문득 멈춰서 발밑의 돌멩이 하나를 오래 바라보는 일. 독서란 결국, 세상이 아닌 나 자신과 마주하는 일이라고 생각해 왔다.
 하지만 어느 순간부터 나는 그 고요한 산책길에 누군가가 함께 걷는 것도 나쁘지 않다고 느꼈다. 독서 모임은 그런 시간이다. 누군가와 같은 책을 읽고 서로 다른 문장에 밑줄을 그으며, 내가 지나쳤던 문장을 타인의 눈으로 다시 들여다보게 되는 시간. 혼자 읽을 때는 몰랐던 의미가 대화 속에서 불쑥 얼굴을 내밀 때, 그 순간이 참 좋다. 어떤 날은 조용히 고개를 끄덕이기만 하고, 또 어떤 날은 오래 마음에 남은 문장을 조심스럽게 꺼내 놓는다. "나는 이 문장을 읽고 울컥했어요." 하고 말할 때, 누군가는 조용히 맞장구를 쳐준다. 우리는 모두 다르게 읽고 다르게 느끼지만, 그 다름을 통해 조금 더 풍성해진다.

책이라는 건 혼자 읽을 수도 있지만 나눌 수 있을 때 더 깊어진다. 나와는 전혀 다른 삶을 살아온 사람이 같은 문장을 읽고 눈물을 흘렸다는 사실에 나는 책보다 사람에게 더 마음이 간다. 결국 책을 읽는다는 건 그 사람의 마음을 이해하고 싶은 어떤 시작 같은 것이니까. 어릴 적에는 책 속에서 길을 찾았다. 어른이 된 지금은, 책을 통해 사람에게 다가간다. 우리는 책을 사이에 두고 마음을 나눈다. 그리고 그런 순간들 덕분에, 세상은 여전히 다정하다고 믿는다.

3부. 조용하고 서늘하게
베어드는 슬픔

물소리 아래

 소풍날이었다. 초등학교 2학년 봄, 운동장 한쪽에 돗자리를 펼친 아이들이 하나같이 들뜬 얼굴로 도시락 뚜껑을 열고 있었다. 색색의 김밥과 달걀말이, 때로는 하트 모양 소시지가 담긴 반찬들 틈에서 나는 가방을 꺼내지도 못한 채 눈치를 보았다. 집에서 도시락을 싸갈 수 없던 나는 아침 일찍 혼자 김밥집에 들러, 비닐봉지에 담긴 김밥 두 줄을 사 갔다. 반듯한 도시락통도, 엄마가 적어준 이름표도 없었다. 그 사실이 유난히 또렷하게 부끄러웠던 그날, 나는 김밥을 들고 운동장 뒤편 화장실로 향했다. 그리고 늘 그랬듯, 수도꼭지를 틀어놓고 조용히 울었다. 물 흐르는 소리가 울음을 덮어주기를 바라면서.

그게 몇 번째였는지는 잘 기억나지 않는다. 유치원 때부터 부모님은 같이 살지 않았고, 나는 그 이후로 여러 친척 집을 옮겨 다녔다. 고모 집, 할머니 집, 작은 아빠 집. 이따금 나는 그 집들에 방이 아니라 자리를 가지고 있었던 것 같다고 생각한다. 누군가의 방 한편, 장롱 옆에 놓인 접이식 이불처럼.

눈물이 나려고 할 때마다 나는 화장실에서 씻는 척하며 물을 틀었다. 소리가 감정을 가려주니까. 그 시절의 나는 소리 하나에도 죄책감을 느끼는 아이였다. 신발 소리가 크다고 느껴지면 발뒤꿈치를 들고 걷고, 배가 고파도 소리 나게 삼키지 않으려고 입을 꾹 다물었다. 어떤 집에서는 눈치를 봐야 했고, 어떤 집에서는 말을 아껴야 했다. 낯선 곳의 공기에는 늘 '머무는 아이는 조용해야 한다'는 종류의 침묵이 섞여 있었다. 나는 그 말을 들은 적 없지만, 모든 가구가 그렇게 말하고 있었다. 소파의 숨죽인 앉음, 밥상에 놓인 세 쌍의 젓가락, 방문 너머의 텔레비전 소리.

소풍날, 운동회날, 생일날 같은 특별한 날들이 오히려 더 슬펐다. 친구들은 도시락 뚜껑을 열며 엄마가 싸줬다며 자랑했고, 운동회가 끝나고 나서는 부모님과 함께 찍은 사진을 나눠 가졌다. 나는 혼자였다. 아니, 정확히는 혼자라는 걸 너무 잘 알고 있는 아이였다. 선생님은 미안한 얼굴로 내 옆에 앉아주곤 했고, 친구들은 눈치를 보며 귤이나 사탕을 나눠줬다. 고마웠지만 그 마음까지 미안해지는 순간이었다. 그래서 나는 차라리 화장실을 선택했다. 울음은 물소리 아래로 숨겼고, 시간이 지나면 아무 일 없다는 듯 교실로 돌아갔다.

그 시절의 나는 항상 뭔가를 잃고 있는 느낌이었다. 말하고 싶었지만, 말할 수 없는 감정, 이해받고 싶지만 감추어야 했던 생각들. 나를 감싸고 있는 공기 자체가 무겁고 차가웠다. 그건 어떤 날은 서늘한 공기였고, 또 어떤 날은 아무에게도 설명되지 않는 고독이었다. 하지만 이상하게도, 그런 날들이 쌓이면서 내 안에는 아무도 보지 못한 조용한 결이 생겼다. 슬픔이 컸던 만큼, 나는 누군가의 조그마한 떨림에도 쉽게 귀 기울이게 되었다.

그 결은 지금도 내 안에 남아 있다. 친구가 울음을 꾹 참고 있다는 걸 알게 될 때, 누군가 말을 아끼는 자리에서 나는 괜히 먼저 조용해진다. 오래전 화장실에서 물을 틀어놓고 울던 내가, 지금의 나에게 말을 거는 것 같다.

"괜찮아, 지금은 소리 내도 돼." 그리고 나는 그 아이에게 조용히 대답한다. "응, 알아. 나 이제 네 편이야."

슬픔은 종종 큰소리로 울부짖기보다, 이런 식으로 조용히, 아주 서서히 베어 든다. 칼처럼 날카롭지도 않고, 폭풍처럼 요란하지도 않다. 그냥 삶의 가장자리에서, 물기를 머금은 천처럼 스며든다. 우리는 다만, 그 물결 속에서 천천히 젖어가며 버티는 것이다.

그럼에도 오늘을 건너는 일

 고등학교 3학년 여름, 나는 처음으로 누군가를 좋아했고, 그 사람과 함께하는 시간 속에서 세상이 조금 따뜻해지는 기분을 배웠다. 아주 작은 메시지에도 설레고, 짧은 눈 맞춤에도 하루가 채워지던 나날이었다. 낯선 위로를 처음 알게 된 것도, '괜찮다'는 말에 정말 괜찮아질 것 같던 착각도, 모두 그 아이 덕분이었다.

 그 아이와 헤어진 건, 기말고사 직전의 어느 오후였다. 학교 앞에서 나를 부르던 목소리는 다정했지만, 그 말들이 끝났을 땐 낯설고 멀기만 했다. 갑작스럽게 쏟아진 이별은 예상보다 조용했고, 나는 멍하니 돌아서서 집으로 걸어왔다. 귀가 먹먹했고, 마음은 텅 비어 있었다. 집에 도착했을 무렵, 이상하게도 눈물이 나지 않았다. 마치 내가 슬퍼할 자격도 없는 사람처럼 느껴졌기 때문이었다.

첫사랑이 끝나고 난 후의 시간이 더 견디기 힘들었다. 부모님은 여전히 각자의 피로에 바빴고, 나는 그들 사이에서도, 그 아이의 기억에서도 점점 지워지는 느낌이었다. 사랑받지 않는다는 생각은, 사람이 사람을 다 잃고도 살아 있다는 걸 깨닫게 하면서도, 동시에 아주 조금씩 자기를 지워가게 만든다. 나는 그 무렵 자주 혼잣말을 했다. "나는 원래 사랑받을 사람이 아니야." 그 말은 주문처럼 자꾸 입안에서 맴돌았고, 아무에게도 들키지 않게 마음속에 눌러 적혔다.

그해 겨울은 유난히 추웠다. 입시 스트레스, 외로움, 자기혐오 같은 것들이 한꺼번에 내려앉아 나는 자주 이불 속에 숨어 있었다. 따뜻한 말 하나만 있으면 괜찮을 것 같다는 생각이 들면서도, 누군가 내게 그런 말을 해 줄 거란 기대는 하지 않았다. 사랑받을 수 없는 사람이라는 결론은 너무 일찍, 너무 단단하게 굳어져 버렸기 때문이다.

하지만 그 시절을 지나고 나서야 조금씩 깨닫게 된 게 있다. 누군가의 사랑으로 내가 완성되었던 적이 없었던 것처럼, 사랑의 부재가 나를 무너뜨릴 수는 없다는 것을. 나는 그저 너무 어렸고, 사랑을 잃은 자리에 내가 아닌 무언가의 결핍을 자꾸 채우려 했을 뿐이었다. 사랑받지 못하는 내가 아니라, 사랑받고 싶다는 말을 배우지 못한 아이였을 뿐이었다.

지금도 나는 완전히 괜찮다고 말할 수는 없다. 마음을 주는 일에 자꾸 망설이는 내가 있다. 하지만 아주 가끔, 창밖으로 빛이 드는 시간이나, 카페에서 따뜻한 밀크티를 고를 때 문득 든든해지는 감정이 있다. 그것이 사랑인지, 평온인지, 살아 있음인지 알 수는 없지만, 이제는 그런 감정들에 마음을 내어주고 싶다.

아무도 나를 사랑하지 않는다는 생각에서, 나라도 나를 사랑해 줘야겠다는 다짐까지 오는 데는 꽤 긴 시간이 걸렸다. 그 시간 동안 나는 많이 흔들렸고, 때로는 멈춰 서 있기도 했다. 하지만 그 모든 시간을 지나온 나는, 이제 조금 더 나 자신에게 다정해질 수 있다. 아무도 알아주지 않아도 괜찮다고, 그래도 나는 살아내고 있다고, 그렇게 조용히 다짐하면서 오늘을 건너고 있다.

기억은 등을 보이며 걸어간다

 세월호 유가족의 심경이 어땠을까, 영화 〈너와 나〉 속 똘똘이 할머니의 말이 내게는 그들의 심경으로 들렸다.

 우주에서 하나밖에 없는 빨간 수박 같은 아이들이 그렇게 간 것도 슬프지만, 더 슬펐던 건 도리어 희생자가 자꾸만 살아있는 사람들을 위로하는 것 같아서.

 그게 많이 슬펐다.

 하은이는 세미를 떠나보냈고,
 나는 최근에 사랑했고 미워했던 아빠를 떠나보냈다.
 아니, 아직 떠나보내지 못했다.

제대로 들여다보기가 무섭고 두려워서, 어쩌면 나도 모르게 회피하고 있었던 것들을 이 글을 쓰면서 다시금 들여다본다.

갑작스런 교통사고 소식에 아빠 얼굴을 보기도 전에 경찰서를 먼저 가야 했고, 장례식 내내 한숨도 못 자고 동생과 나란히 조문객들을 다 받으면서 장례식장 직원들과 수많은 결정들을 해야 했으며 그 와중에 경찰과도 통화해야 했다. 처음 겪어보는 경황없고 황망한 상황 속에서 정신을 똑바로 차리고 있으려고 안간힘을 썼다.

"절대로 누나 혼자 보내면 안 된다. 꼭 네가 같이 가. 어른들도 힘들어. 누나 혼자 안 돼. 어른들이 다 경험해보고 하는 말이야."

장례식 후 아빠와 같이 살던 집에 나 혼자 덩그러니 들어가는 게 걱정이 되셨는지, 고모는 동생에게 신신당부했다.

장례식 후, 기차역으로 가는 길, 사실 나도 무서웠다. 멀쩡한 척 버텨왔지만, 도저히 그 집으로 돌아갈 자신이 없었다. 그렇지만, 자기 집에 가서 쉬고 싶어 하는 동생을 보내주고 싶은 마음도 들었다.

없는 힘까지 끌어 쓴 탓인지 장지를 마치고 집에 돌아왔을 때, 사흘 밤을 새우고 난 피곤이 밀려왔지만, 버스에 치이는 아빠의 블랙박스 영상이 떠올라서 잠을 이룰 수 없었다.

동생과 친척들, 주인집 할머니까지도 아빠 옷이며 물건들을 빨리 버리라고, 계속 보면 네가 더 힘들 거라고 했지만, 아무것에도 손을 댈 수가 없었다. 옷가지며 신발, 하물며 욕실에 꽂혀있는 칫솔과 면도기까지도 그대로 둔 채로 四十九齋가 지났다.

아빠랑 비슷한 뒷모습을 발견하거나 같은 조끼를 입은 사람을 봤을 때, 여름에서 가을로 넘어가는 계절 날씨와 바람이 너무 좋아졌을 때, 아빠가 좋아하시던 찹쌀도넛과 음식을 봤을 때, 나도 모르게 눈물이 났다. 때때로 아빠가 옆에 같이 있는 것처럼 혼잣말로 중얼거리기도 했던 것 같다. 그래야 살 수 있을 것 같았다. 우리에게 성실하고 다정한 아버지는 못 되었지만 그래도, 살아생전에 고생만 하시다가 좋은 것들은 누리지도 못하고 간 아빠가 불쌍하고 가여워서 마음이 아팠다.

애도의 어느 단계에 와있을까 나는.

같은 나라에 살고 있다는 것 외에는 아무 관련도 없지만, 세월호 아이들이 갔을 때 너무 슬프고 마음이 아파서 오랜 기간 힘들었는데, 하물며 아빠를, 우리 아빠를, 나는 언제쯤 떠나보낼 수 있게 될까…. 모르겠다.

그저 세미가 하염없이 "사랑해"라고 말해주었던 것처럼, 나도 아빠에게 사랑한다고, 그동안 고생 많으셨다고, 그곳에선 편히 쉬시고 좋은 곳에서 다시 만나자고, 말하는 것 외에는.

누구도 내게 묻지 않았지만

 어쩌다 보니 그랬다고 말하면 좀 무책임한 설명이 될까. 학창 시절 내 자리는 종종 복도 끝 창문 옆이었고, 누군가의 속마음이 제일 먼저 흘러오는 곳도, 이상하게 내 자리였다. 나는 늘 듣는 쪽이었다. 복잡한 우정 문제부터, 가정 이야기, 선생님 몰래 훔친 눈물까지. 친구들은 다들 조용히 내 옆에 앉았고, 나는 되도록 천천히, 다 들어주고 나서야 말을 꺼냈다.

 처음부터 내가 그런 사람이었던 건 아니다. 말을 잘하진 않았지만, 그만큼 무심히 넘기지 못하는 성격이 있었다. 교실에서 누가 놀림을 당하면 나도 모르게 벌떡 일어났고, 억울한 친구가 울고 있으면 진짜 내가 울 것처럼 화가 났다. 그런 일들이 쌓이고 나니, 사람들은 내게 묻지 않고도 알아채기 시작했다. "야, 서정아. 사실 나 너한테 말하고 싶었어." 그런 말로 시작된 상담들은 쉬는 시간을 훌쩍 넘기곤 했다. 다음 날 시험인데 공부를 못하고도 울며 걸려 온 친구의 전화를 외면하지 못했다.

기억에 남는 친구가 있다. 중학교 2학년 봄, 사소한 말다툼으로 반 친구들과 멀어진 아이가 어느 날 교실 뒤에서 조용히 울고 있었다. 모두가 못 본 척 지나갈 때, 나는 그 애 옆에 앉아 "그래도 너는 잘못한 거 없어"라고 말했다. 사실 잘은 몰랐지만, 그 말이 그 애를 조금은 붙잡아 줄 것 같았다. 그리고 그 애는 한참 후에, "그 말 덕분에 학교 안 나오고 싶었던 날들을 버텼다"고 털어놓았다. 나는 그 말을 듣고 처음으로, '누군가의 마음을 듣는 일'이 단순한 위로나 충고를 넘는다는 걸 알게 되었다.

하지만 그런 자리에는 은근한 무게가 있었다. 모두가 내게 와서 말하고 갈 때, 나는 누구에게도 그렇게 말해 본 적이 없다는 걸 자주 느꼈다. 누군가에게는 안심하고 기대는 일이었을 그 시간이, 내겐 조용히 마음을 묶어두는 일이기도 했다. 말하는 사람이 위로받을수록 듣는 사람은 조금씩 자신을 접어야 했다. 마음을 나눈다는 건 그런 모양이었다.

그럼에도 나는 그 시간을 후회하진 않는다. 누군가를 있는 그대로 받아들이는 법, 함부로 판단하지 않는 연습, 울음을 애써 말로 바꾸지 않아도 괜찮다는 걸 나는 그 모든 것을 그 시절의 친구들에게 배웠다. 어쩌면 내가 가장 많이 듣고, 또 가장 많이 배운 사람일지도 모르겠다.

지금은 그때보다 덜 불같고, 조금은 천천히 말하는 사람이 되었지만, 여전히 나는 누군가의 말이 흘러오는 자리에 서 있기를 바란다. 변함없이 조용하고 다정한 청자가 되기를.

그리고 언젠가, 그런 내 모습이 누군가에게도 '괜찮다'고 말해주는 사람이기를.

4부. 기억이라는 작은 빛

잠결의 이야기들

　어린 시절, 나의 잠자리는 늘 이야기로 덮여 있었다. 라디오에서 흘러나오는 따뜻한 목소리, 카세트테이프가 돌며 들려주던 『어린 왕자』, 『피노키오』, 『톰 소여의 모험』 같은 세계문학 전집들. 눈을 감고 귀를 기울이다 보면 어느새 다른 나라의 아이들과 함께 강을 건너고, 숲을 지나고, 별을 바라보게 되었다. 말의 리듬과 이야기의 온기가 밤마다 내 작은 방을 감싸주었고, 나는 그 품 안에서 스르르 잠이 들곤 했다. 아마 그때부터였던 것 같다. 이야기를 좋아하게 된 것도, 보이지 않는 것들을 상상하는 게 익숙해진 것도.

그 무렵의 겨울은 지금보다 훨씬 느리고 포근하게 흘렀다. 그중에서도 유난히 선명하게 남아 있는 밤이 있다. 그날은 크리스마스이브였다. 바깥은 눈이 올 듯 말 듯했고, 거실에서는 어렴풋이 라디오 캐럴이 흘러나왔다. 그날 밤, 우리는 평소보다 조금 일찍 잠자리에 들었다. 동생은 흥분한 얼굴로 "산타 할아버지 오려나?"를 몇 번이나 반복했고, 나는 괜히 창문 쪽을 흘끔거리며 "일찍 자야 산타가 온대."하고 말했다. 그런 말들을 주고받으며 억지로 눈을 감던 순간, 부모님이 조심스럽게 방으로 들어오셨다. 문틈으로 새어 들어온 불빛과 함께 들려온 말 "얘들아, 산타 할아버지가 문 앞에 선물 두고 가셨어!"

그 말에 우리는 벌떡 일어나 문 앞으로 달려갔다. 정말로 현관 앞에 선물이 놓여 있었다. 하나는 번쩍이는 빨간 포장지에 싸인 기름 자동차 변신 로봇, 그리고 다른 하나는 커다란 분홍 박스 안에 담긴 미미 인형 궁전 세트였다. "미미 궁전이야…!"

그 순간을 어떻게 잊을 수 있을까. 동생과 나는 각자의 보물을 품에 안고, 마치 진짜 다른 세상에서 온 선물을 받은 듯, 침대 위에서 밤늦도록 갖고 놀았다. 미미는 그날 하루 만에 궁전의 모든 방을 구경했고, 동생의 변신 로봇은 수십 번 형태를 바꾸며 활약했다. 새벽이 되도록 잠은 오지 않았고, 웃음소리만 작게 작게 퍼졌다. 엄마 아빠는 거실에서 작은 불빛을 켜놓고 조용히 이야기를 나누고 있었고, 나는 그 밤의 풍경이 어딘지 모르게 오래도록 기억에 남을 것만 같았다.

지금도 유치원 때의 그 장면을 떠올리면 마음이 따뜻해진다. 그때 내가 받은 건 장난감만이 아니었다. 그보다 훨씬 크고 부드러운 무엇, 믿음과 상상력, 그리고 누군가의 정성으로 만들어진 기적 같은 장면 하나.

나는 자라면서 자주 혼자였고, 생각이 많았지만, 그 이야기가 들려오던 잠결과 미미 궁전의 불빛 아래 있었던 나는 확실히 조금 더 따뜻한 아이였다. 누군가가 나를 웃게 하려고 시간을 들였다는 걸 아는 것, 그건 아주 단단한 위로가 된다.

그렇게 나는 이야기를 사랑하게 되었고, 누군가의 마음을 건네는 방식으로써 이야기를 더 오래 곁에 두고 싶어졌다. 누군가에게도, 어느 겨울밤 그들의 마음 앞에 조용히 내려앉는 '선물 같은 문장'을 전해주고 싶다는 생각. 어쩌면 내가 지금 쓰는 모든 글은, 그날 밤 침대 위에서 웃고 있던 아이에게, 그리고 그 아이를 바라보던 부모님에게 보내는 오랜 인사인지도 모른다.

기억 속에 오래 머무는 말

 언제였을까. 동생과 내가 모두 중학생 때였나, 그때 우리는 늦은 밤까지 잠을 못 이루고 같이 이런저런 시시콜콜한 대화를 하고 있었다. 공부는 하기 싫고, 내일은 오지 않았으면 좋겠고, 사랑이 뭔지 잘 모르겠는 나이. 무거운 말도 쉽게 떠오르는 시간이었고, 별일 아닌 말도 괜히 울컥하게 만드는 나이였다. 나는 아마도 그런 맥락에서 말했을 것이다.

 "사랑을 받지 못해서, 나도 사랑을 잘 못 주는 사람이 되면 어쩌지…"

스스로도 조금은 어른스럽고 쓸쓸한 말이라고 느끼며. 그 말은 방 안에 잠깐의 정적을 만들었다. 이불 사이로 숨죽인 마음이 스며들었다. 그리고 이내, 동생이 아무렇지 않게 말했다.

"아니, 그건 아닌 거 같아."

조금은 심드렁하면서도 단호한 말투였다.

"사랑을 많이 받았어도 받은 줄도 모르고, 감사할 줄 모르는 사람도 많아. 근데 누나는 되게 작은 사랑에도 감동하잖아. 되게 크게 느끼고."

조금 더 말을 이어가며 동생은 나를 쳐다보지도 않은 채 이불을 만지작거리며 말했다.

"그럼 많이 받은 거나 다름없는 거야. 그리고 누나는 이미 사랑을 많이 주는 사람이야."

나는 그 순간, 아주 조용히 머리를 한 대 맞은 기분이었다.

 말이라곤 툭툭 던지기만 하던 시크하고 시니컬한 남동생의 입에서 그런 말이 나올 거라고는 상상도 못 했기 때문이고, 그보다도 그 말이 너무도 정확하게, 내가 움켜쥐고 있던 작고 어두운 마음을 콕 짚었기 때문이었다.

 "사랑을 못 받아서 못 줄까 봐 무서워."

 그 말 뒤에 있던 나의 불안과 작아지는 마음을 너무 간단하고 가볍게 걷어내 주었다.
 동생의 말은 위로하기 위해 준비된 말이 아니었다. 하지만 그래서 더 위로되었다. 나는 이따금 내가 작게 느껴질 때마다, 걱정과 불안이 나를 삼키려 할 때마다 동생의 그 덤덤했던 말을 떠올린다.
 사람은 때때로, 위로하려는 의도가 담기지 않은 말에 더 깊이 기대게 된다. 힘주어 꺼낸 말보다, 그저 지나가듯 툭 하고 떨어지는 말들이 더 오래 남기도 한다. 동생은 아마 그날의 대화를 기억하지 못할 것이다. 그 말이 내게 어떤 의미로 남았는지도, 자신이 그런 이야기를 했다는 사실조차 잊었을지 모른다.

그렇지만 나는 그 밤을 자주 떠올린다.

내가 작게 느껴질 때마다,

내가 주는 마음이 너무 얇고 보잘것없다고 느껴질 때마다, 사랑이라는 감정을 제대로 알고 있는지 자신 없을 때마다.

그럴 때면 나는 불 꺼진 방 안의 조용한 대화를 꺼내본다.

이불 끝을 만지작거리며, 어두운 천장을 보며, 우리가 웃었다 울었던 그 밤을.

그 밤은 지나갔고, 정확히 언제였는지도 가물가물하지만, 그 말만은 여전히 생생하다.

부드럽고 단단하게, 마음속 어딘가에 박혀 있다.

우리는 가끔 누군가의 기억에도 남지 않을 말을 붙들고 살아간다.

말은 지나가지만, 마음에 남는 말은 그렇게 오래도록 조용히 곁을 지킨다.

그리고 나는 지금도 그 말 덕분에,

아주 작은 사랑에도 다시 감동할 수 있고,

누군가에게 마음을 내어주는 일이 아직은 가치 있다고 믿는다.

그 밤처럼,
아무도 기억하지 못해도 괜찮은 이야기.
나는 그 말 하나로, 지금도 꽤 괜찮게 살아간다.

조명이 꺼진 후에도

그 시절, 작은 극단에서 일하고 공부하고 숨 쉬는 것 사이에 공연 연습을 밀어 넣으며 아주 치열하게 살았다. 자정이 훌쩍 넘은 시간까지 연습하고, 막차를 타고 집에 돌아와 다시 다음날 아르바이트를 나가야 했지만 그래도 좋았다. 몸은 고단했지만, 마음은 따뜻했다. 사람들과 함께 무언가를 만든다는 건 그렇게 사람을 살게 했다.

알베르 카뮈의 〈이방인〉 연극의 마지막 공연이 끝난 밤, 우리는 서로에게 롤링 페이퍼를 썼다. 무대 뒤 어수선한 흥분이 가라앉고, 몇 개의 조명이 꺼진 빈 연습실

안에 남은 건 그동안의 시간이었다. 누구는 유쾌하게 농담을 덧붙였고, 누구는 끝내 말을 다 하지 못한 듯 망설이다가 적어 내려갔다. 말로 다 전하지 못한 마음을 적는 자리였고, 나는 첫 문장을 쓰기도 전에 눈물이 차올랐다. 이상하게도 글을 쓰려고만 하면 울컥했다. 애써 눈치를 살피며 화장실로 향했다. 화장실 세면대 앞에 서서 물을 틀었다. 붉어진 눈으로 돌아와 다시 펜을 잡았지만, 몇 마디 적지도 않아 또 마음이 흔들렸다. 그날 나는 그렇게 몇 번이나 연습실과 화장실을 오가며 롤링 페이퍼를 겨우 완성했다. 자꾸 차오르는 어떤 감정을 다 담지 못해 바보처럼 들켰던 밤이었다.

그 밤의 공기가 아직도 기억난다. 누군가는 오랜 친구에게 고마움을 적었고, 누군가는 장난 섞인 말로 울음을 웃음으로 덮었다. 그 한 장 한 장의 손 글씨에, 우리는 우리의 청춘을 조용히 눌러 담고 있었다.

공연이 끝난 후 다 같이 각자의 소감을 나누는 자리에서 나는 조심스럽게 말했다. 최종 리허설이 가장 좋았다고, 본공연에선 그때만큼 몰입하지 못한 것 같아서 아쉽다고. 그 때 연출을 맡았던 그는 특유의 무표정한 얼굴로 아주 담담하게 한마디를 건넸다.

"그게 첫 공연이었어. 내가 봤어."

그 말을 들은 순간에는 그저 고마웠다. 하지만 집으로 돌아와 씻으려다 그 말이 다시 떠오르자, 이상하게도 참을 수 없이 울컥했다. 물을 틀어놓은 채 한참을 울었다. 누구도 알아보지 못할 것 같았던 내 몰입과 애씀을, 그렇게 단 한 사람이 알아보았다는 사실이 그 밤엔 이상하리만치 벅찼다.

그 무렵 나는 아르바이트와 연극 연습을 병행하느라 늘 피곤했고, 삼각김밥 하나로 끼니를 때우는 날도 많았다. 몸도, 마음도 지쳐 있었지만 그래도 견딜 수 있었던 건, 나를 믿어주는 단 한 사람의 말, 말없이 마주 앉아 있던 밤들, 그런 작고 조용한 다정함이었다. 그때를 떠올리면 늘 눈물이 먼저 맺히는 이유는, 고단함이 아니라 그 고단함을 감싸주던 마음들 때문이다. 서툰 말들 속에서도 진심이 스며 있었고, 모두가 서로를 지켜보며 애썼다는 걸 이제는 안다.

"내가 봤어."

그 말은 내가 얼마나 진심이었는지를, 나도 모르게 놓

치고 있었던 순간들을 누군가는 알아주었다는 증거처럼 오래도록 내 안에 남아 있다. 그 시절을 견디게 한 건, 거창한 목표도 무대 위의 박수도 아니었다. '누군가가 봐주었다'는 사실, 그리고 '나는 진심이었다'는 믿음이었다. 가끔 다시 작아지는 마음이 나를 덮치려 할 때면, 나는 그 밤의 기억을 꺼내 나를 다독인다. 그렇게, 그 시절의 내가 지금의 나를 또 한 번 안아준다.

노릇노릇한 위로

아침 출근길, 언제부턴가 발걸음이 느려지는 구간이 생겼다. 지하철역을 빠져나와 익숙한 골목을 돌면 공기부터 달라진다. 바람결에 고소한 냄새가 묻어 나온다. 아직 입도 대지 않은 빵인데 향이 먼저 배를 두드린다. 그 골목 모퉁이의 작은 빵집에서는 매일 아침 일찍 식빵을 굽는다. 막 오븐에서 꺼낸 듯한 그 냄새는 꾸밈없고 따뜻하다. 마치 "오늘 하루도 괜찮을 거예요" 하고 등을 다정히 밀어주는 것 같다.

나는 빵 냄새에 쉽게 위로받는 사람이다. 고소한 밀가루 향, 살짝 구워진 버터의 풍미, 가끔은 시나몬이나 코

코넛 같은 이국적인 냄새까지 어느 것 하나 날카롭지 않은 향기들이 마음을 천천히 어루만진다. 어깨를 잔뜩 옹크리고 걷던 사람들도 그 앞을 지날 때면 아주 잠깐 걸음을 늦춘다. 누구도 말은 하지 않지만, 다들 느낀다. '여기, 좋은 냄새가 나요.'라는 것을.

그 향기에 대한 기억은 비단 출근길만의 것이 아니다. 몇 해 전, 친구와 함께 쿠킹클래스를 들었던 시간이 떠오른다. 에그타르트와 스콘, 마카롱, 쿠키를 직접 만들어보는 수업이었다. 반죽을 손끝으로 조심스레 만지고, 노릇노릇하게 구워지는 동안 주방에 퍼지던 냄새. 그날 나는 처음으로, 냄새만으로도 사람이 이렇게 따뜻해질 수 있다는 걸 배웠다. 오븐 안에서 익어가는 타르트의 표면이 조금씩 부풀어 오르던 장면과 마카롱 반죽이 피곤한 하루처럼 쉽게 꺼질까 봐 조심스레 섞던 손길. 그건 단순한 요리가 아니었다. 무언가를 굽는다는 건, 결국 시간을 굽는 일이라는 걸 알게 됐다. 기다리고, 지켜보고, 조용히 익어가는 과정을 믿는 일.

그때 구운 쿠키를 조심스레 비닐에 담아 친구에게 건넸던 기억도 난다. "너무 달면 어쩌지?" 걱정했지만, 친구는 "그 단맛이, 오히려 요즘엔 필요했어"라고 웃으며 말했다. 그런 말을 듣는 순간 무언가를 만드는 일이 꼭 누군가를 위한 일이 될 수도 있다는 걸 알게 되었다.

그래서일까, 아침마다 스치는 그 빵 냄새는 부드럽고 따뜻했던 어느 날의 기억이고, 한참을 기다려야만 얻을 수 있었던 작고 노릇한 위로다. 나는 그 향기를 따라 걷는다. 꼭 사 먹지 않아도 거기 있다는 것만으로도 마음이 풀린다. 그렇게 향기로도 위로받을 수 있다는걸, 나는 이제 안다.

삶이라는 오븐 안에서 우리는 매일 같이 반죽 되고 구워진다. 지나치게 굳지 않게, 그렇다고 쉽게 무너지지 않게. 그래서 나는 바람결에 실려 오는 고소한 냄새를 따라 오늘도 걷는다. 잠깐 멈춰서 숨을 들이마신다. 따뜻한 무언가가 기다리고 있다는 믿음, 그것만으로도 하루는 견딜 만해진다. 빵 굽는 냄새의 방향으로 걷는 삶. 그건 어쩌면 내가 가장 부드러운 사람이 되고 싶은 마음의 방향일지도 모른다.

다정한 어른이 되고 싶어서

어릴 적 나는 어른이 되면 다 괜찮아질 줄 알았다. 마음은 덜 아프고, 울 일도 줄어들고, 모든 일에 익숙해져서 흔들림 없이 하루를 살아낼 줄 알았다. 하지만 그런 날은 아직 오지 않았다. 나는 여전히 쉽게 무너지고, 어느 날은 별일 아닌 말 한마디에도 마음이 휘청인다. 어른이 된다는 건 그런 게 아니란 걸, 요즘에서야 조금씩 배우는 중이다.

나는 여전히 누군가의 딸이고, 친구이며, 동료이지만, 이제는 누군가에게 어른으로 보일 수도 있는 나이가 되었다. 처음엔 그것이 마냥 낯설었다. '어른'이라는 말은 단단하고 완성된 사람을 떠올리게 했다. 감정을 다스릴 줄 알고, 말과 행동에 책임을 지며, 누군가에게 의지가 되어주는 사람. 나는 아직도 쉽게 상처받고, 마음에 없는 말에 밤을 뒤척이곤 하는데, 그런 내가 어른일 수 있을까, 자주 생각했다.

하지만 어쩌면 '다정한 어른'이라는 말은 조금 다를지도 모르겠다고, 요즘 들어 느낀다. 그것은 강해지려 애쓰는 일이 아니라, 여전히 연약하면서도 부드럽게 남는 일인지도 모른다. 단단해지기보다는, 단단하지 않은 채로 누군가의 곁에 오래 머무는 일.

나에게도 그런 어른이 있었다. 괜찮다고 말해주기보다 조용히 옆에 있어주던 선생님, 결과보다는 과정을 들여다봐 주던 친구, 고맙다는 말을 잊지 않던 직장 선배. 그들의 다정은 결코 거창하지 않았다. 하지만 그 작고 따뜻한 마음들이 모여, 내가 무너지지 않도록 잡아주었다. 그렇게, 어른이란 누군가를 위해 커다란 결정을 내려주는 사람이 아니라, 그 사람이 부서지지 않도록 손을 내밀 수 있는 사람일지도 모른다.

나는 때때로 서툴고, 어떤 날은 전부 놓아버리고 싶어질 만큼 지치기도 한다. 그럴 때마다 되묻는다. "지금의 나는 다정한가?" 다정하다는 건 이해하려는 마음을 포기하지 않는 것, 어떤 말보다 눈빛에 온기를 담으려는 노력이라고 믿기에.

나도 그런 사람이 되고 싶다. 실수해도 괜찮다고 말해 줄 수 있는 사람. 혼자 울고 있는 이를 먼저 알아보는 사람. 말보다는 태도로 마음을 건네는 사람. 누군가를 바꾸려고 애쓰기보다는 그 사람이 조금 덜 외롭도록 곁을 내어주는 사람. 아프다는 말이 입에 채 닿기도 전에 표정을 먼저 알아채는 사람. 뚜렷한 정답은 몰라도, 함께 고민할 수는 있는 사람. 그런 다정함을 오래 품고 사는 사람 말이다.

아직은 많이 서툴지만, 그래도 다정함을 잃지 않으려 한다. 마음이 닿는 말 한마디를 고르고, 누군가의 눈빛을 읽고, 어제보다 더 나은 내가 되기 위해 애쓴다. 어른이 된다는 건 어쩌면, 단단해지는 일이 아니라 부드러움을 잃지 않는 일일지도 모르겠다. 상처를 줄이지는 못해도 상처를 들여다볼 수 있는 마음을 갖는 일. 나 자신의 불완전함을 조금 더 인정하고 타인의 서툶 앞에 주저앉아 기다릴 줄 아는 일. 실수하더라도 부끄러워하지 않고, 부족하더라도 멀어지지 않고, 누군가의 마음 앞에 오래 머무를 수 있기를. 아직은 어른이 되는 길 한가운데지만 그 길에서 내가 사랑받았던 방식으로 누군가를 또 사랑하고 싶다.

  그 마음이 닿기를 바란다. 아주 천천히라도.

Epilogue

잊지 않기 위해 쓰는 일

나는 자주 잊힌다. 말끝을 흐리는 순간, 사람들 사이의 틈, 지나가는 계절의 끝에서 내가 말하고 싶었던 마음은 종종 묻혔다. 그리고 그런 마음들은 언젠가, 더 이상 나조차 떠올릴 수 없는 것이 될까 봐 두려웠다.

그래서 나는 기록한다. 잊지 않기 위해서, 더 오래 사랑하기 위해서.

한때 여기에 분명히 존재했던 감정과 장면들을 천천

히, 그러나 분명한 문장으로 붙잡는다.

살다 보면 어떤 마음은 말보다 먼저 무너지고, 누군가에게는 끝내 꺼내지 못한 이야기로 남는다.

그럴 땐 그저 조용히 앉아 나의 가장 부드러운 언어로 쓰기 시작한다. 가만히 쓰다 보면 내가 작아졌던 날들이 다시 나를 안아주고, 스스로에게조차 말할 수 없었던 감정들이 조금씩 모양을 갖춰주기도 한다.

이 책에 실린 이야기들은 내가 나에게 말해주고 싶었던 문장들이다. 울음이 되지 못한 눈물, 위로받지 못한 외로움, 그러면서도 여전히 누군가를 이해하고 사랑하고 싶었던 마음.

나는 그 마음들이 다만 흘러가게 내버려두고 싶지 않았다. 기억은 자주 흐릿해지지만, 그 안에 있었던 감정은 사라지지 않는다는 걸 믿는다. 그리고 누군가 그 감정을 나보다 먼저 기억해 줄 수도 있다는 걸 이 글들을 쓰며 조금씩 배웠다.

이 책이 어떤 장면에서는 당신의 마음을 비치는 작은 거울이 되길,
어떤 순간에는 조용히 손을 잡아주는 마음이 되길 바란다.

잊히는 일 앞에서 서툴고 흔들렸던 우리 모두에게
이 문장들이 말없이 남아주기를.

나는 이제 조금은 덜 두렵다.
언제까지일지는 모르지만
조용히 써 내려간 마음들이
누군가의 밤에 닿기를 바란다.

누구도 내게 묻지 않았지만

초판 1쇄 발행 2025년 6월 12일
초판 2쇄 발행 2025년 7월 28일

지은이	김서정
디자인	김서정
펴낸이	유지백
펴낸곳	궁극의성장, 유딧
주 소	서울시 서초구 서초중앙로18길 31, 376호
전 화	010-3356-3651(문자)
팩 스	02-6008-3651
이메일	all.right.coop@gmail.com
등 록	2022년 10월 7일 제2022-000066호
ISBN	ISBN 979-11-985683-4-2 0380

- 이 책 내용의 전부 또는 일부를 재사용하려면
  반드시 저작권자와 유딧(궁극의성장) 양측의 서면 동의를 받아야 합니다.
- 책 값은 뒤표지에 표시 되어 있습니다.